AMORIZAÇÃO

A CURA DO CORAÇÃO

PADRE MARCELO ROSSI

AMORIZAÇÃO

A CURA DO CORAÇÃO
UM DIÁRIO ESPIRITUAL

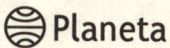

Copyright © Marcelo Rossi, 2023
Copyright © Editora Planeta do Brasil, 2023
Todos os direitos reservados.

Organização de conteúdo: Luiz Cesar Pimentel
Revisão: Carmen T. S. Costa e Fernanda Guerriero Antunes
Projeto gráfico e diagramação: Nine Editorial
Capa: Rafael Brum
Fotografia de capa: Martin Gurfein

CIP-BRASIL. CATALOGAÇÃO NA PUBLICAÇÃO
ANGÉLICA ILACQUA CRB-8/7057

Rossi, Marcelo
  Amorização: a cura do coração – um diário espiritual / Padre Marcelo Rossi. - São Paulo: Planeta do Brasil, 2023.
  192 p.

ISBN 978-85-422-2285-2

1. Deus (Cristianismo) - Amor 2. Amor ao próximo (Cristianismo) I. Título

23-3332   CDD 231.6

Índice para catálogo sistemático:
1. Deus (Cristianismo) - Amor

 Ao escolher este livro, você está apoiando o manejo responsável das florestas do mundo

2023
Todos os direitos desta edição reservados à
Editora Planeta do Brasil Ltda.
Rua Bela Cintra, 986, 4º andar – Consolação
São Paulo – SP – 01415-002
www.planetadelivros.com.br
faleconosco@editoraplaneta.com.br

Agradeço acima de tudo à Santíssima Trindade (Pai, Filho e Espírito Santo), a quem eu sirvo; e também a Nossa Senhora, São Miguel Arcanjo, São Padre Pio e Santa Teresinha, meus intercessores.

Não posso deixar de agradecer ao meu bispo e amigo Dom José Negri, PIME e também à minha família.

Obrigado à Editora Planeta.

E, principalmente, agradeço **a você**, que vai tornar este livro um diário espiritual.

Entrego este livro a:

_____,

que vai transformá-lo num diário
espiritual de cura do coração.

SUMÁRIO

Prefácio 10

Introdução 16

1 Amorização, um processo diário....25

2 Primeiro degrau: amorização do nosso relacionamento conosco.....45

3 Segundo degrau: amorização do nosso relacionamento familiar 73

4 Terceiro degrau: amorização do nosso relacionamento profissional e com amigos 107

5 Quarto degrau: amorização com os nossos inimigos.....................143

6 Quinto degrau: amorização com Deus e as coisas sagradas..157

Capítulo final
Compreensão, sem pressão, para não virar depressão e com muita oração 171

A amorização em prática 184

PREFÁCIO

Meu filho, ouve as minhas palavras, inclina teu ouvido aos meus discursos. Que eles não se afastem dos teus olhos. Conserva-os no íntimo do teu coração, pois são vida para aqueles que os encontram, saúde para todo corpo. Guarda teu coração acima de todas as outras coisas, porque dele brotam todas as fontes da vida. Preserva tua boca da malignidade, longe de teus lábios a falsidade! Que teus olhos vejam de frente e que tua vista perceba o que há diante de ti.

Examina os caminhos onde colocas os pés e que sejam sempre retos. Não te desvies nem para a direita nem para a esquerda, e retira teu pé do mal.
(Provérbios 4,20-26)
27 de abril de 2022

Antônio Roberto Rossi

INTRODUÇÃO

Neste livro, vou trabalhar uma palavra em vários aspectos: **amorização**.

Amorizar é trazer pessoas ou situações difíceis e colocá-las sob o senhorio de Jesus. É colocar o amor de Deus sobre as pessoas ou situações, para perdoarmos e aceitarmos as provações que a vida nos traz.

Amorizar é verdadeiramente amar as pessoas e até os inimigos.

Em um dos capítulos do livro *Batismo de fogo*, falei sobre o que Jesus faria se estivesse em meu lugar, e, adentrando nisso mais profundamente, entramos na amorização, porque Jesus sempre lidou com situações e pessoas com esse outro olhar. Ele sempre trabalhou na perspectiva de amorização. Mesmo quando via a pecadora, Ele foi além e olhava-a com amor: amorizando Seu modo de enxergá-la, foi transformada. Não interrompeu com o julgamento do pecado, mas a olhou com misericórdia.

Quando Jesus passou por momentos difíceis, como no Horto das Oliveiras, Ele amorizou a situação. Isto é, aceitou a vontade de Deus, mesmo sabendo que passaria por sofrimentos. Ele creu que Deus iria conduzi-lo a um bem maior, à salvação da humanidade.

Nos capítulos seguintes, aprenderemos como nos tornar pessoas amorizadas neste novo milênio.

Amorizadas pelas Escrituras, amorizadas pelas orações.

Tenho certeza de que, depois de ler este livro, uma grande transformação acontecerá em seu modo de ver e de sentir a vida. Uma grande transformação acontecerá em sua vida. Já que, quando acertarmos o foco para melhor enxergar e o coração para melhor sentir, será inevitável que tudo mude para melhor.

E, pelo poder do Espírito Santo, eu peço que este livro seja um instrumento eficaz que o leve a compreender o processo de amorização que Deus quer promover em sua vida.

Receba a minha bênção sacerdotal: em nome do Pai, do Filho e do Espírito Santo. **Amém.**

Padre Marcelo Rossi

CAPÍTULO 1

AMORIZAÇÃO,
UM PROCESSO DIÁRIO

Precisamos entender que fomos feridos pelo pecado original.

Mesmo quando este se apagou em nosso batismo, uma natureza que tende ao pecado permanece ao nosso lado, intrincada à nossa essência. O inimigo espiritual fica à espreita para nos levar a novos pecados e, muitas vezes, más escolhas acabam nos ferindo e nos conduzindo ao mau caminho.

Todos nós precisamos da cura interior, dessa permissão para sermos amorizados por Deus. Este é um processo que dura nossa vida inteira.

Por esse motivo, a amorização tem que ser um exercício diário. Assim como nos expomos ao sol para nos revigorar, nos expomos a Deus para que Ele nos cure e nos molde à Sua imagem.

Quando nos olhamos no espelho, se há algo errado, logo percebemos. E, então, penteamos os cabelos ou ajeitamos o que está fora do lugar em nossa aparência. Para sermos amorizados por Deus, precisamos fazer o mesmo: deixar que Ele nos olhe e aponte os nossos defeitos.

E, para isso, temos que escutar a voz de Deus.

Mas você sabe como fazer isso?

Eu te respondo.

Nós escutamos a voz de Deus pela leitura das Escrituras. À medida que lemos a Bíblia, Deus vai nos mostrando o que é preciso mudar em nós. Quando lemos a Bíblia com atenção, deixamos o Espírito Santo fazer com que as Palavras de Deus nos examinem e se tornem um espelho diante de nós.

A Palavra de Deus nos examina profundamente.

> "Nada, em toda a criação, está oculto aos olhos de Deus. Tudo está descoberto e exposto diante dos olhos Daquele a quem havemos de prestar contas."
> (Hebreus 4,13)

Li em um livro uma comparação que achei bastante interessante, de que a Bíblia é semelhante a um exame de raio X. Cristo nos examina e revela as nossas imperfeições, nos mostra onde está o nosso problema. Quando lemos a Bíblia, a Palavra de Deus nos apresenta o que é real, quais são os nossos acertos e os nossos erros. E Ele faz isso para nos transformar.

Quando deixamos a Palavra de Deus nos ler, permitimos ao Senhor nos quebrantar e nos purificar. E, em troca, recebemos um novo olhar em relação a quem somos.

Sou filho(a) de Deus; sou templo de Deus. Fui criado(a) por amor e para amar. Recebo um novo olhar sobre as pessoas que me rodeiam, e sobre aquelas que me fizeram mal. Estas são apenas instrumentos do inimigo espiritual para nos desviar de Deus: tenho que perdoar, amar e abençoar essas pessoas. E entendo que nosso único inimigo é o demônio e seus anjos. Estamos em uma guerra diária espiritual, por isso preciso usar as armas espirituais, o tripé: **Eucaristia**, **Escrituras** e **Rosário**, três armas poderosíssimas na luta espiritual.

Mas por não termos esse entendimento, por não lermos as nossas Bíblias – ou lermos e não obedecermos a Deus –, acabamos nos ferindo. E, por isso, precisamos nos amorizar diariamente.

Às vezes, outros nos machucam por suas más escolhas e nós, como cristãos, temos que reagir de maneira diferente. E só agimos diferente se permanecemos em processo de amorização: precisamos estar nesse processo constantemente, permitindo que Deus seja espelho em nós e deposite em nossa imagem o olhar de misericórdia de Cristo.

Eu, como sacerdote, em minhas orações diárias, na minha leitura bíblica, na missa diária que celebro e comungo a Eucaristia, vou permitindo que a amorização por Deus inunde o coração daqueles que têm Fé nas Escrituras.

Nossa vida é um constante diálogo com o Criador, eu derramo minhas preocupações, ansiedades, tristezas, decepções, meu dia a Deus, e Ele me responde de diversas maneiras, e a resposta mais forte, com mais amor, só chega a mim por meio da leitura das Escrituras e da liturgia diária na missa.

> Deus me corrige,
> Deus me orienta,
> Deus me instrui.

A liturgia diária na missa atua sobre mim como um maná diário, o necessário para o dia.

Deus, no Antigo Testamento, alimentou o povo hebreu derramando o maná do céu, dizendo-lhes que era para colherem somente o necessário para o dia. No Novo Testamento, Jesus falou sobre a importância de viver o dia de hoje apenas, e é exatamente o que Ele quer fazer conosco. Ele nos dá a cura e nos amoriza dia a dia, para estarmos sempre inteiros no presente.

Mesmo que você tenha uma caminhada longa com Deus, sempre existirá algo que precisará ser amorizado em sua vida. Não somos perfeitos; queremos ser santos, mas somos pessoas falhas. E, mais do que isso, vivemos em um mundo polarizado, machucado pelo pecado. Somos bombardeados por pecados por todos os lados e, muitas vezes, acabamos feridos pelos erros e más escolhas dos outros.

A amorização é um processo terreno que nos prepara verdadeiramente para estarmos prontos no dia em que Deus nos chamar para podermos viver eternamente com Ele, no céu.

Não há como enxergar Deus sem que o amor Dele tenha nos quebrantado, curado e transformado. Não há como.

Nas bem-aventuranças, Jesus disse: "bem-aventurados os puros de coração, porque verão a Deus". E como ser puro de coração? No Salmo 119, versículo 9, nos fala: "Como pode um jovem conservar pura a sua vida? É só obedecer aos Teus mandamentos".

É escutando e vivendo a Palavra de Deus que nos tornaremos puros, sendo que a Palavra Dele se resume a amar ao Senhor sobre todas as coisas e amar ao próximo como a nós mesmos.

Logo, não há como ver Deus sem amar verdadeiramente. Só que não é o amor deste mundo a que me refiro, mas ao amor que descrevi anteriormente nos meus livros *Ágape* e *Philia*. Como diz a minha amiga Patti Mansfield, "o amor que Deus quer que tenhamos é o de 1 Coríntios, capítulo 13, dos versículos 4 ao 8":

"Quem ama é paciente e bondoso. Quem ama não é ciumento, nem orgulhoso, nem vaidoso. Quem ama não é grosseiro nem egoísta; não fica irritado, nem guarda mágoas. Quem ama não fica alegre quando alguém faz uma coisa errada, mas se alegra quando alguém faz o que é certo. Quem ama nunca desiste, porém suporta tudo com fé, esperança e paciência. O amor é eterno. Existem mensagens espirituais,

porém elas durarão pouco.
Existe o dom de falar
em línguas estranhas,
mas acabará logo. Existe
o conhecimento, mas
também terminará".

A caridade é paciente, a caridade é bondosa. Não tem inveja. A caridade não é orgulhosa. Não é arrogante. Nem escandalosa. Não busca os seus próprios interesses, não se irrita, não guarda rancor. Não se alegra com a injustiça, mas se rejubila com a verdade. A tudo desculpa, em tudo crê, em tudo espera, a tudo suporta.

A caridade jamais acabará.

Note que utilizei os dois termos, já que caridade é o amor em prática.

Se eu não tiver esse tipo de amor não poderei ver Deus, e por isso precisamos ser amorizados, transformados.

Algumas pessoas me perguntam por que existe o purgatório, e eu sempre respondo explicando que este existe e está lá para podermos estar puros diante de Deus: quanto mais você se deixar ser amorizado e transformado por Deus, menos tempo no purgatório permanecerá.

Deus é muito claro em sua Palavra. Hoje, com diversas traduções da Bíblia a que temos acesso, podendo lê-las e meditá-las, possuímos um melhor entendimento do que Deus nos ensina. Por essa razão, precisamos viver essa Palavra, precisamos nos permitir sermos amorizados por Deus.

Aprendamos com o bambu, que, durante a tempestade, é flexível e não se quebra perante os ventos. Ele simplesmente se dobra, se adequa às adversidades. Da mesma forma, a amorização vai nos flexibilizando para sermos dóceis a Deus, para suportarmos as adversidades que a vida traz. E assim vamos ficando mais fortes.

◇ ◇ ◇

A cada final de capítulo, apresentarei a você uma oração de amorização. Faça-a de todo coração, deixe Deus entrar no mais profundo do seu ser, reze várias vezes se for preciso. E professe a oração unida com uma boa confissão, com a Eucaristia, com as leituras bíblicas, com a sua oração pessoal. Garanto que, dessa maneira, Deus vai te levar para estar mais perto Dele. E, mais do que isso, diariamente, Ele amorizará o seu interior.

Para refletir. Um dia assisti a um vídeo, no qual um rapaz fez uma reflexão, que achei incrível. Leia a passagem e repense como ser amorizado com ela:

"Ninguém, ao provar uma carne, vai dizer:
— *Cara, que sal de qualidade*".

Você já ouviu alguém falar isso? Você já ouviu alguém elogiar o sal da comida?

Imagino que, assim como eu, você responda que não, nunca ouviu isso. E, de fato, isso acontece porque ninguém elogia o sal. Mas experimente fazer uma comida sem sal. Imediatamente, ele será percebido, pela ausência, e a comida não receberá um elogio sequer.

Grave isto: seja humildemente importante.

Mas o que é ser humildemente importante?

Quando o sou, ninguém precisa me elogiar, ninguém precisa dizer que sou bom, ninguém precisa dizer que sou o cara!

Mas, na minha ausência, todo mundo nota que está faltando algo ali.

E aí? Será que estão sentindo a sua falta?

Porque o sal, quando presente, ninguém o elogia. Mas quando falta, todo mundo percebe.

Deus nos disse: "Sejam o sal na Terra por onde vocês estiverem".

Ninguém precisa aplaudir. Mas todo mundo precisa notar que você está fazendo falta no lugar onde estiver ausente.

Pense nisso.

Com esta reflexão entendemos que, para sermos **sal** e fazermos **diferença**, temos que ser primeiramente amorizados por Deus.

Oração

Jesus, vem com o poder do Espírito Santo me batizar com a Tua Palavra, para que eu permita ser transformado e amorizado a cada dia. Que eu possa ser esvaziado de mim mesmo, esvaziado do mundo, esvaziado dos outros, esvaziado do mal, e assim ser cheio do Teu amor, Jesus. Vem realmente fazer uma transformação, uma Metanoia em minha vida, em meus sentimentos, para que amorizado eu viva uma vida que Te agrade. Vem, Espírito Santo, vem com poder em minha vida e em todo o meu ser, em nome de Jesus.

Amém.

A AMORIZAÇÃO CURA

Hoje, eu permito que a amorização entre em mim e na minha vida e cure o meu coração. Permito que Deus reconheça as minhas ações que me tornam humildemente importante:

_____

_____

_____

_____

_____

_____

_____

CAPÍTULO 2

PRIMEIRO DEGRAU:
AMORIZAÇÃO DO NOSSO
RELACIONAMENTO CONOSCO

Certa vez, li a seguinte frase: "Quando se busca enriquecer a vida dos outros, encontra-se a mais satisfatória forma de sucesso".

Repare que frase poderosa.

Nós nascemos para deixar uma marca em nossa geração. O nosso sucesso não está nos elementos que o mundo tenta nos impor e nos convencer a acreditar ser o único caminho: fama, status, poder, dinheiro. Nosso sucesso está em deixar um legado de amor e bondade por onde passamos. Nascemos para servir. Como Jesus serviu. Devemos imitá-Lo.

Herança, dinheiro, fama, status... muitas vezes, causam brigas e desunião entre as pessoas. Legado, ao contrário, traz união e enche de amor o coração das pessoas.

Um famoso terapeuta cristão escreveu que as características de uma pessoa que ama são: gentileza, paciência, capacidade de perdoar, cortesia, humildade, generosidade e honestidade. Que esses aspectos juntos fazem com que a pessoa seja capaz de amar verdadeiramente.

Como ter esses aspectos e amar de coração se estamos feridos?

Como padre, escuto muitos fiéis e percebo como neste mundo os relacionamentos atuais vêm nos deixando marcas, mágoas, decepções. Não somos ilhas, nossa vida é relacional, compartilhada.

Mesmo que fosse um eremita, me relacionaria comigo mesmo, com Deus, com a natureza.

E, diante disso, o primeiro passo para sermos curados é através da cura da nossa identidade, da autoimagem, do amor para conosco mesmos, da sensação de bem-estar mesmo quando estamos sozinhos e acompanhados somente de nós mesmos. A cura só acontece quando somos amorizados em relação a nós mesmos. E, portanto, se queremos encontrar a paz de espírito e o verdadeiro amor de Deus, temos que ser amorizados, precisamos permitir a amorização em nossa vida.

Muitas vezes, permitimos que o outro nos machuque com palavras duras. Paramos para escutar o que têm a dizer a nosso respeito. Você pode ter ouvido que é um fracassado, um burro, um zé-ninguém, que não tem jeito mesmo.

E pode ter acreditado nessas verdades. Porém, a partir de hoje, com este livro em mãos, Deus falará a verdade sobre você para você. Escute a Palavra de Deus.

Somente quem criou um objeto pode afirmar para que propósito ele foi concebido, qual a serventia. Assim, apenas Deus pode falar para que nós fomos criados, porque foi Ele quem nos concebeu.

Na Palavra de Deus:

> "Antes que no seio fosses
> formado, Eu já te conhecia;
> antes de teu nascimento,
> Eu já te havia consagrado,
> e Te havia designado
> profeta das nações".
> (Jeremias 1,5)

Antes de nascermos, Deus sonhou conosco e pensou em nós.

Meu filho, minha filha, você não foi um erro dos seus pais, uma criança indesejada, um fruto do pecado. Você já tinha sido sonhado(a) por Deus. Ele te ama. Você é FILHO, você é FILHA de Deus. Esta é sua identidade. Deus te quis, Deus te ama.

Veja a declaração de amor de Deus por nós:

"Fostes vós que plasmastes as entranhas de meu corpo, vós me tecestes no seio de minha mãe. Sede bendito por me haverdes feito de modo tão maravilhoso. Pelas vossas obras tão extraordinárias, conheceis até o fundo a minha alma. Nada de minha substância vos é oculto, quando fui formado ocultamente, quando fui tecido nas entranhas subterrâneas. Cada uma de minhas ações vossos olhos viram, e todas elas foram escritas em vosso livro; cada dia de minha vida foi prefixado, desde antes que um só deles existisse".
(Salmos 138,13-16)

Oração

Deus nos fez maravilhosamente, Deus nos teceu com carinho. Nada é oculto para Deus. Por isso, não tente esconder tuas falhas.

Deus te ama e quer te transformar, Ele quer te fazer feliz.

Permita que Deus te amorize.

Permita que Deus cure as tuas más escolhas.

Permita que Deus sane as tuas manias, a tua depressão.

Deixe Deus curar os teus vícios, o teu falar mal do outro, o teu julgar.

Deixe Deus curar as tuas decepções, as tuas mágoas.

Ele pode ir no mais profundo de ti.

Deus nos fez maravilhosamente, Deus nos teceu com carinho.

Deus te ama e quer te transformar, Ele quer te fazer feliz.

Permita que Deus te amorize.

O que Deus fez para tornar a sua vida mais amorizada? Escreva a seguir os momentos em que Deus agiu maravilhosamente em sua vida:

_____

_____

_____

_____

_____

Tenho muitos amigos psiquiatras e psicólogos. Eles são uma bênção, e Deus os usa muito, mas eles podem ir até um certo ponto para te ajudar, para te fazer entender as coisas. Deus, ao contrário, não tem esses limites, Deus pode ir na causa de tudo e transformar, e curar, a raiz do teu vício, dos teus apegos, do teu egoísmo, das tuas carências.

O poder do Espírito Santo em nós é ilimitado, basta abrir nosso coração e, com toda a sinceridade, deixar Deus entrar e fazer as mudanças que são necessárias.

Todos precisamos ser diariamente amorizados em nossos interiores, em nossas relações pessoais e interpessoais, conosco mesmos.

Deixe Deus curá-lo dos teus traumas, do não se gostar fisicamente, do querer ter dons que os outros têm, de ter inveja do que os outros têm.

Deixe-se amorizar por Deus. Chegou a hora. A hora de você ser livre e leve. De se contentar com o que tem. Você deve trabalhar para ter uma vida digna, mas ser feliz com o que tem hoje. Isto é bíblico:

> "Vivei sem avareza. Contentai-vos com o que tendes, pois Deus mesmo disse: Não te deixarei nem desampararei".
> (Hebreus 13,5)

Neste mundo, onde muitos vivem de aparência nas redes sociais, de ostentação de propriedades, Jesus quer nos dar um giro de 360°. Ele quer que sejamos despojados, modestos, sem fingimentos.

> "Despojai-vos do homem velho e revesti-vos do homem novo, criado à imagem de Deus."
> (Efésios 4,22-24)

Somos criaturas novas, Jesus nos redimiu com o Seu sangue, fomos batizados. O inimigo de nossa alma não quer que tenhamos uma autoimagem equilibrada de quem realmente somos para Deus. Uma identidade como filho, como filha de Deus.

O inimigo de nossa alma, o pecado original, usa pessoas para dizer inverdades sobre nós, para fazer uma transformação mental tentando nos conduzir a um caminho diferente do que Deus planejou para nós.

Porém, em resposta a isso, em pleno ano de 2023, momento em que escrevo este livro, nunca houve tantas Bíblias traduzidas, versões em áudio. Todos os meios possíveis foram disponibilizados a todos nós. É possível até ler a Palavra de Deus no celular. Apesar disso, são tantas as pessoas que não leem as Escrituras, ou, se as leem, não permitem que a Bíblia crie raiz no coração e as transforme. Silenciam a Palavra de Deus.

E, com isso, o inimigo ganha forças, fazendo tudo para que a Palavra de Deus não nos transforme. Para não cairmos nessa armadilha, precisamos deixar Deus nos amorizar, curar o nosso amor em nós mesmos. Não no sentido narcisista, porque isso não é amor.

> O verdadeiro amor por nós mesmos é sabermos que Deus nos fez dotados de talentos, de dons. Que Ele nos ama muito, mas que nossa vida é para servir e deixar marcas nesta geração.

Não existe no mundo uma pessoa com a mesma digital que você. Você é único, você não é melhor do que o outro, mas é especial para Deus.

Cada um de nós foi chamado por Deus para deixar rastros de amor em algum lugar nesta Terra. Nossa missão é amar, trabalhar em nossa profissão por amor, trabalhar em nossa Igreja por amor, nos relacionarmos com a nossa família em amor.

E, para que isso aconteça, precisamos ser curados em nosso interior, sermos curados e amorizados interiormente.

Então, vamos rezar juntos. Como no capítulo anterior, convido-o a rezar junto comigo a oração de amorização. E o deixo livre para fazer a sua própria oração e permitir que a amorização aconteça na sua vida.

Oração

Vem, Espírito Santo, vem neste momento de oração, pelo Teu poder e em nome de Jesus, vai ao mais profundo do nosso ser. Vem em nosso modo de enxergar a nós mesmos, retira todo o pessimismo que vemos em nós mesmos e nos outros. Retira todas as murmurações, os queixumes, as ingratidões, os desamores. Se há em nós alguma blasfêmia que proferimos, quebra no Teu poder. Quebra todas as palavras de maldições proferidas sobre nós, quebra neste momento. E, em lugar, nos abençoa com um derramamento do Teu Santo Espírito sobre cada célula do nosso ser.

Jesus, retira os tiques nervosos que possamos ter.

Jesus, retira os vícios que possamos carregar por más escolhas que fizemos.

Jesus, retira traumas profundos e enraizados que temos em nossa mente por causa do que outras pessoas fizeram conosco.

Jesus, lava-nos com Teu sangue poderoso, que possamos olhar no espelho e aprendermos a nos amar sadiamente. Que passemos a gostar de conviver conosco mesmos em primeiro lugar.

Jesus, assim como damos um delete em um arquivo e este é apagado totalmente do computador, dá um delete em nossa mente de todas as palavras, rótulos e maldades proferidas conosco por outras pessoas.

Que haja um perdão profundo em nossos corações e possamos nos enxergar como Tu, meu Deus, nos enxerga.

Dá-nos pelo poder do Espírito Santo a graça de termos este entendimento, este olhar de nos enxergarmos pelo Teu olhar, de sermos tudo o que o Senhor sonhou para nós, meu Deus, nem menos e nem mais. Queremos deixar em nossa geração a marca do amor de Deus, do Evangelho.

Cura, Jesus, as nossas emoções tantas vezes confusas, cura nossa autossuficiência, cura nosso orgulho, vaidade, ambição, retira as ganâncias.

Jesus, tudo o que está em desacordo contigo, quebra, e no lugar coloca os frutos do Espírito Santo: amor, gentileza, temperança, alegria, benignidade, bondade, paz. Somos templos do Espírito Santo e que possamos viver como tal.

Renunciamos a toda maldade, prostituição, ódios, mentiras, e tudo que é pecado.

Renunciamos ao demônio e ao ocultismo, tudo que vai contra a verdade, tudo que vai contra o Evangelho nós renunciamos, e nós aceitamos Te servir, Jesus.

Jesus, nosso Tudo e Senhor pessoal, obrigado por me curar emocionalmente, espiritualmente, psicologicamente e fisicamente. Qualquer defeito físico que eu possa ter, cegueira, surdez, eu entrego a Ti.

Eu sou amado, eu sou amada. E que a paz de Deus que excede todas as coisas possa vir sobre o meu interior e eu tenha uma nova autoimagem, uma nova autoestima, uma nova identidade curada pelo poder da Palavra de Deus. E que eu viva de agora em diante com uma alegria que independe das circunstâncias pelas quais esteja passando, porque sei que sou uma bênção, Deus me perdoou pelo meu passado e más escolhas e me dá um novo futuro. Eu me amo de agora em diante em nome de Jesus, como Deus me ama.

Obrigado, meu Deus.

A AMORIZAÇÃO CURA

Hoje, eu permito que a amorização entre em mim e na minha vida e cure o meu coração. Permito que Deus reconheça os meus dons, que me tornam um ser único:

_____

_____

_____

_____

_____

_____

_____

CAPÍTULO 3

SEGUNDO DEGRAU:
AMORIZAÇÃO DO NOSSO
RELACIONAMENTO FAMILIAR

Não sei você, mas, como padre, muitas pessoas me procuram em busca de um conselho que solucione problemas de relacionamentos familiares. Isso acontece com muita frequência. Já era muito comum, e após a pandemia cresceu assustadoramente. Tanto que uma pesquisa recente realizada pela Associação de Registradores de Pessoas Naturais (ARPEN) mostra que o número de casamentos desfeitos atingiu o maior número desde 2015, subindo cerca de 16,8%.*

São pais se queixando dos filhos, filhos se queixando dos pais, esposas lamentando a respeito dos maridos e maridos se lamentando com relação às esposas.

Dentre as muitas pessoas que recebo, uma delas me chamou a atenção. Ela veio me dizer que seus pais eram possuidores de muita fé e muito carinhosos, mas, após decepções e o período de isolamento da pandemia, nada do que ela fazia agradava. Eram só broncas, desamor, desafetos, cobranças, estupidez. Nem pareciam os mesmos de antes. Essa pessoa não sabia mais como agir e veio me pedir conselho. Há uma passagem da Bíblia que diz:

---

* PORTELA, Júlia; CYPRESTE, Judite. Brasil tem maior nº de divórcios desde 2015. Veja onde mais se separa. *Metrópoles*, 6 abr. 2022. Disponível em: https://www.metropoles.com/brasil/brasil-tem-maior-no-de-divorcios-desde-2015-veja-onde-mais-se-separa. Acesso em: 29 maio 2023.a

"Suportai-vos uns aos outros, perdoai-vos mutuamente, caso alguém tenha motivo de queixa contra outrem".
(Colossenses 3,13)

Recomendei que ela lesse essa passagem e meditasse a respeito.

Muitas vezes, devemos suportar os outros. Soa pesado e até grosseiro, mas Deus, por meio de São Paulo, usa o termo suportar – **suportar** a quem te feriu, **suportar** ao que é insuportável. No entanto, não se trata de qualquer suporte, trata-se de um suporte com amor e com perdão. E isso, esse tipo de aceitação que é a amorização. Ela vai nos mudando para que possamos suportar pessoas e situações difíceis. É essa ação que ela realiza em nossa vida.

Por essa razão, sou um apaixonado pelas Escrituras. Na Bíblia, você encontra todo tipo de orientação necessária para bem viver consigo mesmo e com os outros. Porém, não basta ler e meditar: é preciso colocar em prática. Em São Tiago, Ele diz:

> "Sede cumpridores da palavra e não apenas ouvintes; isto equivaleria a vos enganardes a vós mesmos. Aquele que escuta a palavra sem a realizar assemelha-se a alguém que contempla num espelho a fisionomia que a natureza lhe deu: contempla-se e, mal sai dali, esquece-se de como era. Mas aquele que procura meditar com atenção a lei perfeita da

liberdade e nela persevera
- não como ouvinte que
facilmente se esquece, mas
como cumpridor fiel do
preceito -, este será feliz no
seu proceder".

Você sabia que os primeiros pais da Igreja se reuniam em concílio para, após estudos, saber o que era a Palavra de Deus e o que não era?

Se não praticarmos o que a Palavra de Deus nos ensina, não vivemos a nossa fé. Precisamos aprender a ler, meditar e aplicar em nosso dia a dia as Palavras de Deus. Ele deixou Sua vontade expressa nas Escrituras.

A Bíblia nasceu dentro da Igreja Católica. Os 73 livros foram compilados por padres e bispos. Depois de já compilado o material completo, foi feita a separação em capítulos e em versículos, as partes menores para que pudéssemos ter mais facilidade em aprender e viver as Escrituras, de modo mais organizado.

Nada é por acaso, Deus pensou em tudo. Ele sabia que iríamos precisar de conselhos, ensinamentos, direção para vivermos em comunidade, em família.

Creio que se nós, católicos, reservássemos quinze minutos diários para lermos as Escrituras com nossos filhos, muitas coisas seriam diferentes. Ler, rezar, conversar.

ESCUTANDO A PALAVRA DE DEUS

Liste os motivos que o levam a separar quinze minutos do seu dia para, junto com a sua família, ler a Palavra de Deus e agradecer pela família que tem.

É na prática que a amorização de Deus acontece:

_____

_____

_____

_____

_____

Certa vez, ouvi uma história e nunca mais a esqueci: tratava-se de uma família católica, que todo domingo ia à igreja. Às vezes, pediam ao padre uma orientação para melhor se relacionarem, porque brigavam demais. Até que, um dia, a mãe decidiu convidar esse padre para almoçar junto com sua família após a missa do domingo. O padre resolveu aceitar, para ver como eles se comportavam em casa, com o objetivo de ajudar no relacionamento familiar. Quando chegou, notou que era uma casa bonita, e que havia uma televisão enorme em cada um dos cômodos. Até mesmo na cozinha, onde faziam as refeições, havia uma televisão. O padre visitou a casa, abençoou o imóvel e toda a família. Durante o almoço, a família sentou-se à mesa, mas foi uma briga para manter as duas crianças sentadas durante toda a refeição. Enquanto uma se sentou com o tablet nas mãos e permaneceu com os olhos vidrados na tela, jogando o tempo todo, a outra ficou insistindo para assistir a um determinado seriado na TV. Vencida pelo cansaço, a mãe ligou o aparelho em um canal com típica programação de domingo: filmes, programas de auditório. Todos ficaram ali, à mesa; enquanto faziam a refeição, conversavam com a TV ao fundo. O padre rezou antes do almoço e, ao terminar de comer, tomou um café. A colherzinha era muito chique, de prata. Foi embora depois disso. A mãe foi lavar a louça e percebeu que faltava a colher de prata do padre. Falou para o marido que ele tinha levado a colher, mas ficaram receosos em perguntar. Passaram-se três meses, e, em um domingo após missa, a mulher resolveu convidar o padre de novo para almoçar com a família, na casa dela. Ele aceitou, e durante o almoço ela perguntou:

— Padre, o que o senhor fez com a minha colher de prata?

O padre riu, levantou-se e foi para a sala. A mulher foi atrás e ele lhe disse:

— A senhora tem uma Bíblia linda aqui exposta na sala, eu coloquei a colher dentro dela, olhe só. Estava ansioso por vocês me perguntarem da colher, então percebi que só usam a Bíblia como enfeite. Por isso, você e seu marido têm tantos problemas. Vocês deixaram que a televisão ficasse no centro da família, e daí vocês aprendem coisas diferentes das que Deus nos ensina. A senhora tem que começar a ler as Escrituras e colocar os ensinamentos de Deus em prática; com isso, terá sabedoria para lidar com as dificuldades de relacionamentos e situações adversas que aparecem no caminho de vocês.

A mulher ficou reflexiva e pareceu entender a mensagem do padre. A partir daquele dia, a Bíblia passou a ser muito mais do que um simples objeto de decoração. Durante as refeições, reunidos ao redor da mesa, os pais passaram a se dedicar a ler a Bíblia e a conversar sobre as Palavras de Deus com toda a família. O som da TV ao fundo fora substituído pelos ensinamentos de Deus e, aos poucos, a amorização fez morada naquela casa e os problemas de relacionamento familiar foram diminuindo até chegar a zero.

É exatamente isso que a amorização faz. Ela vai promovendo uma faxina em nós.

E qual é o meio mais eficaz de sermos amorizados?

Lendo as Escrituras.

O nosso saudoso padre Rufus conta que ele atendia a todos os tipos de pessoas para rezar. E que muitas dessas pessoas mexiam com o ocultismo e ficavam possessas. Um dia, na Canção Nova, durante uma palestra realizada em um acampamento de cura e libertação, apareceu um jovem muito forte fisicamente. Então, o padre Rufus pensou: *Se eu rezar para este jovem agora, pode ser que não consiga celebrar a missa. Se ele ficar possesso, vai demorar para libertar*, já que o jovem trazia marcas externas que sinalizavam envolvimento com o ocultismo. Mesmo assim,

Rufus rezou por aquele rapaz e ele não ficou possesso, então o padre perguntou:
— O que você anda fazendo para se libertar das drogas e do ocultismo?

E o rapaz lhe respondeu prontamente:
— Ando lendo muito as Escrituras de Deus.

Nesse momento, padre Rufus entendeu que a leitura diária das Escrituras havia libertado e exorcizado o rapaz.

Isso é amorização, é essa a cura realizada pela leitura, meditação e prática das Escrituras de Deus: uma amorização interior muda os nossos pensamentos, opera uma Metanoia em nossa vida.

É o que diz a passagem:

"Filho, preste atenção no que eu digo. Escute as minhas palavras. Nunca deixe que elas se afastem

de você. Lembre delas
e ame-as. Elas darão
vida longa e saúde a
quem entendê-las. Tenha
cuidado com o que você
pensa, pois a sua vida
é dirigida pelos seus
pensamentos".
(Provérbios 4,20-23)

    Primeiro, Deus nos chama de filho, depois Ele nos ensina que devemos escutar e nunca nos afastarmos de Sua Palavra, de Seus ensinamentos, e que, se fizermos o que Ele nos ensina, teremos saúde. Complementa ainda pedindo que tenhamos cuidado com o que pensamos, porque nossa vida é dirigida pelos nossos pensamentos. Se estivermos nos alimentando das coisas deste mundo, vamos pensar e viver como este mundo nos dita. Porém, não somos deste mundo; nós somos do céu. Então, o que deve nos dirigir é a Palavra de Deus, pois só assim seremos amorizados.

Padecemos por falta de conhecimento e de intimidade com as Escrituras.

> "Porque meu povo
> se perde por falta de
> conhecimento."
> (Oseias 4,6)

Se não conhecermos a Palavra de Deus, vamos nos perder, porque não conheceremos a verdade. Aprendi com meu pai, que foi bancário a vida toda, como uma pessoa sabe se a nota é falsa ou não. De tanto mexer com notas verdadeiras, o simples ato de pegar uma nota falsa já permite que se sinta a textura e perceba qualquer sinal diferente; assim, é possível assegurar que se trata de uma nota falsa.

Ele reconhece o que é falso, porque mexe sempre com as notas verdadeiras.

Se nós, cristãos, nos enchermos das Escrituras, que são as "notas verdadeiras", nos anteciparemos ao que for falso em relação ao modo de vida, comportamento, atitudes que são verdadeiros para Deus.

Portanto, a mensagem é clara: quer mudar a sua família? Quer mudar o seu relacionamento familiar? Leia a Palavra de Deus mais e mais. Leia em família, invista tempo de qualidade com a verdade. A Palavra de Deus muda vidas, muda relacionamentos, muda atitudes.

DESAFIO DA CURA

A partir de hoje, invista pelo menos vinte minutos por dia para ler as Escrituras ou para escutar narrações da Bíblia. Não importa que momento do seu dia você separe para se dedicar a escutar a Palavra de Deus, apenas o faça. Proponha-se a realizar esse exercício ao longo de seis meses, no mínimo. Ao final desse período, tenho certeza de que você irá prolongá-lo para o resto de sua vida e já saberá identificar os efeitos positivos da amorização em sua vida.

Escreva aqui suas reflexões após a leitura da Palavra de Deus:

_____

_____

_____

Pais amorizados pelas Escrituras geram filhos saudáveis.

Filhos amorizados pelas Escrituras saciam seus pais com paciência.

Família é dom de Deus, família é projeto divino. Não deixe que ninguém destrua a sua casa. Alicerce a sua família na rocha da Palavra de Deus. Podem vir ventos, tornados, tempestades, pois nada vai derrubar a sua família, já que o alicerce das Escrituras é infalível, é eterno.

"Aquele, pois, que ouve estas minhas palavras e as põe em prática é semelhante a um homem prudente, que edificou sua casa sobre a rocha. Caiu a chuva, vieram as enchentes, sopraram os ventos e investiram contra aquela casa; ela, porém, não caiu, porque estava edificada na rocha. Mas aquele que ouve as minhas palavras e não as põe em prática é semelhante a um homem insensato, que construiu sua casa na areia. Caiu a chuva, vieram as enchentes, sopraram os ventos e investiram contra aquela casa; ela caiu e grande foi a sua ruína."
(Mateus 7,24-27)

Nossa rocha tem que ser a Palavra de Deus. Graças a Deus, temos a Eucaristia, sustento de nossa alma. Temos o Santo Rosário, alimento da nossa fé. Mesmo assim, sinto que alguns católicos precisam voltar como nossos pais ao começo da Igreja. Voltarmos a nos alimentar diariamente das Escrituras.

Amo meus irmãos protestantes assim como amo meus irmãos católicos, mas creio que, devido à cisão da Igreja, alguns católicos deixaram de lado o hábito essencial de ler as Escrituras. Sendo que estas foram dadas e compiladas pela nossa amada Igreja Católica.

Portanto, quanto mais lermos a Bíblia, mais católicos seremos. A Bíblia fala da importância da Eucaristia, fala do poder da intercessão dos santos, do papel único de Nossa Senhora, do primeiro Papa.

Nós, católicos, não devemos ter medo de ler as Escrituras – mais do que nunca precisamos ler, ler, ler, meditar e praticar as Escrituras.

Já no Rosário, fazemos isso, meditando a vida de Jesus. Precisamos de mais do que isso, precisamos de mais, nossa alma necessita das Escrituras diariamente.

Nossa cura, nossa amorização só acontecem com o processo de leitura e releitura da Bíblia. Nossa família nunca mais será a mesma se construirmos nosso relacionamento em cima da Palavra de Deus. Para finalizar esse pensamento, convido-o a rezar junto comigo, para a sua família e para os seus entes queridos.

E agora eu, como padre, sacerdote de Cristo, pelo poder que Deus me deu de ligar e desligar, antes de iniciarmos juntos a oração de amorização à família, quebro todas as maldições familiares que vêm de antepassados. Quebro todas as brigas desnecessárias dentro dessa família. Blindo cada um no sangue poderoso de Jesus e, pelo poder que a Igreja Católica concede ao sacerdote, enraízo a sua família nas Escrituras. Que você e sua família tenham sede e fome de ler e viver a Palavra de Deus.

Em nome do Pai, do Filho e do Espírito Santo. Amém.

Sê amorizado(a) pelas Escrituras.

Oração de amorização à Família

Vem, Espírito Santo, pelo poder do nome de Jesus, nos curar em nossos relacionamentos familiares.

Pai: Jesus, toda a imagem deturpada de pai que nos foi dada, todo pai que abusava de seus(suas) filhos(as), todo pai que era alcoólatra, drogado, todo pai que era trapaceiro, maldoso, quebra agora de nossos corações. Todo pai que rogou praga sobre seus(suas) filhos(as), quebra em nome de Jesus. Jesus, nos dá uma nova imagem de pai, a verdadeira imagem de Pai, a de um pai amoroso como o Deus que cuida de nós. Amoriza-nos, retira todo o problema de relacionamento com o pai biológico ou pai que me adotou. Que haja um perdão, caso necessário, com o nosso pai.

Mãe: Jesus, cura e nos amoriza, com toda a dificuldade com a nossa mãe, seja biológica ou adotiva. Com toda a falta de amor, cuidado, com todas as cobranças desnecessárias, todas as broncas, castigos, quebra todo o mal que nossas mães podem ter nos causado. Jesus, que possamos ser preenchidos do verdadeiro amor maternal. Que possamos ter em Nossa Senhora a mãe que cuida de nós.

Filhos(as): Jesus, me amoriza no meu relacionamento com meus filhos. Cura-me, Jesus, de todo desamor, desobediências, maus caminhos escolhidos, de toda a vergonha que possa ter deles. Amoriza-me com meus filhos. Se me sentir abandonado por eles, cura-me, Jesus.

Familiares: Jesus, toda a competição que existe entre irmãos, primos, sogro, sogra, genro, nora, cunhado, cunhada, quebra em Teu nome. Todo o desamor e desafeto por causa de herança familiar, quebra em Teu nome. Que sejamos todos amorizados e curados para verdadeiramente amar e viver para Deus.

QUAIS FAMILIARES ESTÃO PRECISANDO DA SUA ORAÇÃO?

Liste os nomes dos familiares que precisam do seu apoio, que clamam por um apoio de Deus para que os conflitos entre vocês se solucionem, ou peça por aqueles que precisam melhorar a saúde e encontrar a fé na Palavra de Deus:

_____

_____

_____

_____

_____

_____

CAPÍTULO 4

TERCEIRO DEGRAU:
AMORIZAÇÃO DO NOSSO
RELACIONAMENTO
PROFISSIONAL E
COM AMIGOS

Vivemos em um mundo polarizado. E, certa vez, ouvi uma história que ilustra bem esse mundo de extremos e lados opostos.

Um grupo de jovens não gostava de um senhor que era tido como sábio. Ele era um monge bondoso, ao qual várias pessoas recorriam para aconselhamento devido à fama de sua sabedoria. Um belo dia, esses jovens, que levavam uma vida desregrada, combinaram de preparar uma armadilha para o monge: pegariam um passarinho e falariam assim para o monge sábio:

— Aqui na minha mão tem um passarinho. Ele está vivo ou morto?

Se o sábio respondesse vivo, eles o matariam; se respondesse morto, eles o soltariam. Então, chegaram ao monge e lhe disseram:

— Sábio, na minha mão tem um passarinho morto ou vivo?

O monge, percebendo a armadilha, respondeu:

— Depende de você.

A resposta do monge acabou com a emboscada criada pelos garotos.

O mesmo ocorre na sociedade em que vivemos. Infelizmente, muitos abandonaram a fé cristã, ou se dizem cristãos, mas não obedecem ao que Deus nos pede. Não obedecem aos mandamentos. E aqueles que querem viver uma vida de retidão estão cercados por muitas atribulações.

No trabalho, quantos problemas enfrentamos por querermos viver uma vida cristã?

Não são poucas as perseguições, provocações, rótulos debochados, insinuações, armadilhas. Acabamos, assim, nos ferindo, por isso também precisamos de muita amorização no trabalho e nas amizades. Quantas amizades por interesse, quantas rixas e competições, um mundo de aparentar mais que o outro? Mesmo dentro de nossas igrejas. É muito triste ver isso.

SÓ DEPENDE DE VOCÊ

Quais os motivos que o levam a seguir a Palavra de Deus?

_____

_____

_____

_____

_____

_____

_____

_____

Como disse no capítulo anterior, é preciso que deixemos o Espírito Santo nos amorizar, nos transformar, nos moldar conforme o coração de Deus com urgência.

Na Bíblia, Deus diz:

> "Assim como o oleiro molda o barro, assim Deus quer nos moldar".

Assim como o ferreiro molda o aço, Deus quer nos moldar. Mas, para isso, precisamos de flexibilidade, abertura. Deus não pode moldar uma peça dura. Assim, repito para que fique claro, apenas seremos moldados pelo processo de amorização. Só seremos transformados ao deixar que Deus nos cure, nos liberte das amarras do pecado, nos dê liberdade interior.

Assim como o aço ou o ouro passam por fogo para ficarem flexíveis, nós passaremos por provações para estarmos prontos, como Deus quer e pode nos moldar. E por estarmos num mundo decadente e doente, passamos por provações de doenças, traições, maldades. E somente através da fé poderemos permanecer de pé diante das tempestades da vida.

Ao lermos as Escrituras, vamos aprender sobre amizade, sobre atitudes no ambiente de trabalho. Entenderemos como reagir diante das perseguições, vamos deixar Deus nos moldar e flexibilizar a fim de sermos amorizados. Tudo isso é um processo diário. Exige treinamento e perseverança.

Um médico estuda durante seis anos, mas, durante os estudos, tem que realizar várias práticas no hospital para aprender não só na teoria o que é essencial, mas na prática para a aplicação em seus futuros pacientes. Para se tornar médico, precisa incluir em sua rotina atividades, como: tirar sangue, puncionar uma veia, saber procedimentos de reanimação em paradas cardíaca ou respiratória.

Do mesmo modo, em nossa vida espiritual, aprendemos por meio de retiros, das santas missas, da leitura das Escrituras, para sabermos como agir e proceder uns com os outros.

Quando vamos trabalhar e conviver com nossos amigos, devemos colocar em prática o que aprendemos com Deus.

Entretanto, isso não nos isenta de problemas. Ao contrário, porque se queremos viver como Jesus viveu, mas estando nós em um mundo que cada vez mais se diz mais ateu e vai contra os ensinamentos cristãos, torna-se um martírio diário viver a própria fé. Dessa forma, é seguro dizer que, para viver a fé, a pessoa vai sofrer. E, mais uma vez, se confirma a importância de vivermos em um processo contínuo de amorização.

Perdoar e amar
Amar e perdoar

Perdoar e amar
Amar e perdoar

Perdoar e amar
Amar e perdoar

Perdoar e amar
Amar e perdoar

Perdoar e amar
Amar e perdoar

Perdoar e amar
Amar e perdoar

Perdoar e amar
Amar e perdoar

Perdoar e amar
Amar e perdoar

Perdoar e amar
Amar e perdoar

Perdoar e amar
Amar e perdoar

Agora é sua vez de confirmar a importância de vivermos em um processo de amorização:

Amar e...

Todos os que quiserem viver piedosamente, em Jesus Cristo, terão de sofrer a perseguição.

Está nas Escrituras (2 Timóteo 3,12), se quiser viver como Jesus viveu, você será perseguido – será posto a provas, será questionado; vão te ferir, te perseguir e te trair. Mas como Jesus agiu?

Ele disse: "Pai, perdoai-lhes porque não sabem o que fazem".

Nos Evangelhos, Jesus ensinou a dar a outra face para quem batia. Isso é o real significado de ser cristão.

Ser cristão não é revidar na mesma moeda. Ser cristão não é desejar mal e amaldiçoar. Ser cristão é continuar a fazer o bem, a abençoar, a perdoar, a amar.

Mas, padre, isso é impossível.

Verdade, meu filho, minha filha. É impossível com as nossas forças humanas, porque sem Deus nada podemos. Mas fomos batizados, somos cheios do Espírito Santo, comungamos Jesus vivo e real na Eucaristia, lendo e, principalmente, vivendo as Sagradas Escrituras, somos capazes de agir como Jesus agiu.

Diante da tentação, diante da provação, diante do medo, diante da perseguição, diga: "Já não sou eu que vivo, é

Cristo que vive em mim". Assim, você terá as ações, os pensamentos, as atitudes de Jesus no seu trabalho, em suas amizades.

Devemos entender que, mais do que nunca, precisamos dar permissão para Deus nos mudar, nos transformar pela amorização. Não fomos feitos para viver neste mundo, em competição desleal, em um mundo de vícios, de traições. Um mundo de fofocas, calúnias, invejas. Nós fomos feitos para viver com Deus, em atitudes bondosas, querendo o último lugar e, muitas vezes, nos rebaixando para elevar o outro.

Não queira ser "o cara", pois esse "cara" não existe. Não queira ser o melhor, não queira o primeiro lugar, queira ser melhor para os outros, queira ser santo, queira ser alguém que traga sorrisos ao coração de Deus.

Estamos em uma sociedade que quer pessoas em série, como objetos que você fabrica e manipula. Nós fomos feitos diferentes e únicos por Deus. Nem as nossas digitais são iguais. Até mesmo no caminho de santidade Deus respeita a nossa individualidade. Há santos que ajudaram os pobres; outros, os doentes; outros evangelizaram a África; outros, a própria casa. Deus nos fez diferentes, mas o que nos une é querermos ser como Jesus.

Como Ele rebateu as tentações de Satanás? Por meio da Palavra de Deus. Jesus é a Palavra de Deus.

"No princípio era o Verbo, e o Verbo estava junto de Deus e o Verbo era Deus."
(João 1,1)

"E o Verbo se fez carne e habitou entre nós, e vimos sua glória, a glória que o Filho único recebe do seu Pai, cheio de graça e de verdade."
(João 1,14)

"Mas a todos aqueles que o receberam, aos que creem no seu nome, deu-lhes o poder de se tornarem filhos de Deus"
(João 1,12)

Nos Evangelhos, os fariseus disseram: "Mas quem é este homem que não tem estudos, mas fala com tanta autoridade a Palavra de Deus?". Aí está a resposta. Jesus sempre teve as Escrituras em todo o ser Dele, não era fachada, era vivência plena das Escrituras.

Por isso, para que levemos uma vida à semelhança da vida de Jesus no nosso trabalho e com os nossos amigos, e possamos agir do mesmo modo que Ele agiu, temos que ser homens e mulheres cheios das Escrituras, porque ali se encontra a chave da verdadeira amorização.

Quer perdoar, quer amar seus inimigos, quer fazer bem aos que te ofendem? Você terá que possuir a Mente de Jesus, e para que você tenha a mente Dele, leia a Palavra de Deus.

RAZÕES PARA PERDOAR

Liste as razões que o fariam perdoar a quem lhe fez mal:

_____

_____

_____

_____

_____

_____

_____

_____

Tenho em minha mente que São José, carpinteiro, ensinou o ofício da carpintaria para Jesus, e que Nossa Senhora ensinou Jesus a ler as Escrituras. Foi no colo de Nossa Senhora que Ele aprendeu a ler, e leu a Torá, os profetas. Assim, Jesus cresceu em sabedoria e inteligência.

Em nossos relacionamentos profissional e de amizades, precisamos crescer em sabedoria e inteligência, precisamos entrar na escola de Jesus, até encontrarmos a Palavra de Deus, simples, direta, amorizadora e transformadora.

Muitas coisas precisam ser curadas em nossos corações devido a problemas no ambiente de trabalho e mesmo em nossas amizades. Justamente, vamos finalizar este capítulo com uma oração de cura interior. Nos Evangelhos (em Mateus 12,43-45; e em Lucas 11,24-26) diz-se que depois que demônios foram expulsos de uma casa, após vagarem e virem que a casa estava desabitada, retornaram demônios ainda piores do que os anteriores. É dessa forma que acontece com a cura: se não nos preenchermos pela amorização, após a cura interior com oração, o problema volta.

Quando Deus te curar, você deve praticar a intimidade com Ele por meio da oração e da leitura das Escrituras para preenchimento da alma, da vida interior. Com isso, mais e mais cura receberá.

Deixo, na próxima página, um espaço e alguns versículos bíblicos para que você dedique um tempo para meditação.

"Não foi uma erva nem algum unguento que os curou, mas a Vossa palavra que cura todas as coisas, Senhor."
(Sabedoria 16,12)

"Dominou a revolta, não pela força física, nem pela força das armas, mas pela sua palavra deteve aquele que castigava, relembrando-lhe os juramentos feitos aos antepassados e a aliança estabelecida."
(Sabedoria 18,22)

A Palavra de Deus que domina e protege a nossa vida. "A erva seca e a flor fenecem, mas a palavra de nosso Deus permanece eternamente."
(Isaías 40,8)

"O céu e a terra passarão, mas as minhas palavras não passarão."
(Mateus 24,35)

Tudo passa: moda, pessoas, dinheiro, *status*, trabalho.

Mas a Palavra de Deus permanece.

Com isso em mente, precisamos deixar as Palavras de Deus nos preencher para que sejamos curados, possamos ter amizades com colegas no trabalho, vivermos uma vida livre e sem medo do que outros pensam ou falam sobre nós. E, mais do que isso, ter sempre em mente que o importante é obedecer a Deus, e não aos homens.

Oração aos colegas de trabalho e aos amigos

Pai Celestial, em nome de Jesus, peço que me amorizes com meus colegas de trabalho e amigos. A amizade é um dom de Deus, eu creio, a Bíblia nos ensina, mas às vezes por ter sido ferido por amigos que me fizeram mal, traíram minha confiança, eu desconfio da amizade. Jesus, eu perdoo todos os que me feriram ao longo da minha vida, amigos que considerava irmãos, colegas de serviço em quem confiava. Cura as feridas, as decepções e me preenche do Teu amor, Senhor Jesus.

E, aqui, peço perdão caso no meu trabalho ou nas minhas amizades eu tenha decepcionado também a outras pessoas.

Senhor Jesus, diminui as minhas expectativas, confiança temos que ter somente em Ti, mas amizade com pessoas de bem é dom de Deus. Coloca pessoas Tuas no meu caminho para que me façam mais de Deus, me ajudem na caminhada rumo ao céu. E eu seja amorizado, e ajuda outros a serem amorizados.

Obrigado, meu Deus.

QUAIS AMIGOS E COLEGAS PRECISAM DA SUA ORAÇÃO?

Liste os nomes das pessoas para as quais gostaria de direcionar os melhores pensamentos e a Palavra de Deus:

_____

_____

_____

_____

_____

_____

_____

_____

_____

_____

_____

_____

_____

_____

Lembre-se: quanto mais você reza pelo outro, vive a Palavra de Deus e coloca em prática os ensinamentos de Deus, mais a amorização atua sobre a sua vida.

CAPÍTULO 5

QUARTO DEGRAU: AMORIZAÇÃO COM OS NOSSOS INIMIGOS

Este é um assunto delicado, e peço a graça de Deus para poder me expressar bem para ser compreendido.

Como padre, estou no mundo, mas não sou do mundo. Escolhi viver para Cristo, e toda decisão tem suas consequências. Vivemos permeados pelo pecado e por uma sociedade que nega a existência de Deus. Quando não nega explicitamente, incentiva as pessoas a viverem uma vida diferente da que Deus nos ensina.

Como escolhi a Cristo, serei perseguido. Jesus diz que o servo não é maior que Seu Mestre e que, se o Mestre sofreu e foi rejeitado, o servo também o será. Por isso, muitas vezes sofro perseguição, sou vítima de *fake news* sobre assuntos dos quais nunca falei, isso ou aquilo. É o preço que tenho que pagar, porque aceitei a Jesus quando muitos lutaram contra, já que remo contra a maré.

Você que, assim como eu, aceitou Jesus como seu único Senhor e Salvador e tenta viver uma vida de acordo com o que o Evangelho propõe igualmente pagará o seu preço. Pode sofrer perseguições, maldades, maledicências.

É nesse ponto que entra a nossa fé e, por isso, vivemos. Deus quer nos dar uma vida digna aqui na Terra, mas a nossa vida e felicidade verdadeiras virão apenas depois da nossa morte. Ao nos tornarmos conscientes dessa verdade, agimos de modo diferente do que a sociedade permeada pelo mal nos propõe e espera de nós.

Muitas vezes, chamamos as pessoas que nos perseguem, que nos fazem mal, de inimigos. Ou de falsos amigos. Mas, no fundo, essas pessoas de carne e osso são apenas instrumentos usados pelo inimigo espiritual. Este, sim, é o nosso verdadeiro inimigo.

Porém, como seres humanos, essas pessoas que tramam contra nós, fazem mil e uma coisas contra nossa vida, estão apenas distantes do amor de Deus. Nossa missão, portanto, é tão somente aprender a abençoá-las.

Jesus diz em Mateus:

> "Eu, porém, vos digo: amai vossos inimigos, fazei bem aos que vos odeiam, orai

pelos que vos [*maltratam e*] perseguem".
(Mateus 5,44)

Em várias passagens da carta de São Paulo, ele nos ensina a fazer o bem àqueles que nos maltratam. São Pedro em suas cartas também diz o mesmo.

A Bíblia, principalmente o Novo Testamento, que traz a boa-nova de Cristo, nos ensina que nunca devemos pagar na mesma moeda, mas tratar bem e abençoar aos nossos inimigos.

Por isso, não fazermos o mesmo que eles.

Em relação ao inimigo espiritual, temos que nos revestir da armadura de Deus, como São Paulo nos ensina em Efésios 6, 10-17:

"No demais, irmãos meus, fortalecei-
-vos no Senhor e na força do seu
poder. Revesti-vos de toda a armadura
de Deus, para que possais estar firmes
contra as astutas ciladas do diabo.
Porque não temos que lutar contra a
carne e o sangue, mas, sim, contra os
principados, contra as potestades,
contra os príncipes das trevas deste
século, contra as hostes espirituais
da maldade, nos lugares celestiais.
Portanto, tomai toda a armadura de
Deus, para que possais resistir no dia
mau e, havendo feito tudo, ficar firmes.
Estai, pois, firmes, tendo cingidos
os vossos lombos com a verdade, e
vestida a couraça da justiça; E calçados
os pés na preparação do evangelho da
paz; Tomando sobretudo o escudo da
fé, com o qual podereis apagar todos
os dardos inflamados do maligno.
Tomai também o capacete da
salvação, e a espada do Espírito,
que é a palavra de Deus".

Assim, estaremos preparados para a luta que vamos ter até a nossa passagem para o céu. Precisamos amar os inimigos carnais e lutar contra os inimigos espirituais. Para que sejamos amorizados com o amor de Deus e nos livremos de todas as ofensas, maldades e tudo o mais que os inimigos fazem contra nós.

Vamos refletir sobre outro ensinamento que li: "Navios não afundam por causa da água ao redor deles. Navios afundam por causa da água dentro deles".

Não deixe o que está acontecendo em torno de você invadir o seu interior e afundá-lo. Não deixe os teus inimigos possuírem esse poder.

Cerque-se das Escrituras e vença os inimigos com a arma dada por Deus, que é a Bíblia.

Oração aos inimigos

Jesus, confesso, estou ferido. Foram tantas maldades ao longo destes anos desferidos pelos meus inimigos que estou machucado, decepcionado. Preciso ser amorizado, vem em meu socorro.

Que Teu Santo Espírito com o óleo das Escrituras me cure de todas as feridas em mim, físicas, espirituais e psicológicas. Isto é: no meu pensar, no meu físico (meu corpo) e na minha alma (meu interior). Vem, Jesus, vem com a Tua graça cicatrizar as feridas causadas pelos inimigos. E me preenche de uma serenidade que nada e ninguém possam tirar de mim.

Obrigado, meu Deus, eu perdoo e os amo, com Teu olhar e graça os abençoo,

Meus inimigos (preencha com os nomes deles):

_____
_____
_____
_____
_____

POR QUE AMAR OS NOSSOS INIMIGOS?

Como Jesus nos ensinou: não devemos nunca responder na mesma moeda. Diante de um inimigo, que lhe causa o mal e o faz sentir-se mal, responda com amor.

Liste a seguir situações em que você retribuiu o mal de seus inimigos físicos com amor:

_____

_____

_____

_____

_____

_____

Em oração, peça a Deus que realize a amorização na vida de cada um. Assim, você estará dando a face e respondendo com amor, seguindo os ensinamentos de Deus.

CAPÍTULO 6

QUINTO DEGRAU: AMORIZAÇÃO COM DEUS E AS COISAS SAGRADAS

Alguns de vocês podem estar assustados. Amorizar com Deus? Como assim?

Como padre, já atendi inúmeras pessoas que, depois de conversar, mostram que o problema delas era com Deus. Estavam tristes com Deus, porque no fundo achavam que o Senhor não as ajudara como elas gostariam de ter sido ajudadas. Que Deus teria esquecido delas no momento de uma perda, de uma enfermidade, na hora de uma provação, por terem nascido com alguma deficiência física. São tantos os motivos que me fazem perceber que o cerne do problema era a percepção delas com relação a Deus.

Por isso, temos que amorizar nossa amizade com Deus. Para que Deus não se transforme num impedimento de bênção em nossa vida.

Outros casos comuns que apresentam problemas com Deus são pessoas que tiveram dificuldades com a mãe e que apresentam dificuldade no relacionamento com Nossa Senhora. Pelo reflexo do problema com a própria mãe, não conseguem sentir o amor de Nossa Senhora.

Outras tiveram problemas com pai alcoólatra ou com vícios diversos e, por conta disso, transferem a dificuldade na relação com nosso Deus Pai.

Todos, sem exceção, têm a urgência de terem as percepções amorizadas, já que a projeção do próprio genitor deve ser a real, e não a distorcida, afinal nosso pai é um Deus amoroso e bondoso.

Devemos amorizar a nossa vida com o Sagrado, com alimentos sagrados, com o zelo pela santa Eucaristia, com o respeito à Santa Missa, pela pessoa do sacerdote. Esses elementos nada mais são do que alimentos da alma que o mundo foi, aos poucos, subtraindo: o respeito às Sagradas Escrituras e às devoções populares, sem contar a devida importância do sagrado.

No Antigo Testamento, vemos como os judeus se importavam com coisas sagradas, e assim deve ser em nossa Igreja. Não podemos misturar o profano com o Sagrado. Por isso, às vezes nos ferimos e precisamos nos amorizar. Afinal, se não fizermos da nossa vida um templo igualmente sagrado, muitos males virão disso, desse nosso descaso com o Sagrado e com as Escrituras de Deus.

> "Ou não sabeis que o vosso corpo é o templo do Espírito Santo, que habita em vós, proveniente de Deus, e que não sois de vós mesmos? Porque fostes comprados por bom preço; glorificai, pois, a Deus no vosso corpo, e no vosso espírito, os quais pertencem a Deus."
> (1 Coríntios 6,19-20)

O que vemos é reflexo do que pensamos, do que vivemos e, na maior parte dos casos, ainda não tomamos consciência. Para ilustrar essa ideia, convido-o à reflexão sobre um post que vi no Facebook e que dizia o seguinte:

"Se você passar um dia inteiro com alguém muito rico, sua conta bancária não vai aumentar.

Se você passar um dia inteiro com alguém de rara beleza, você não vai ficar mais bonito.

Porém, se você passar um dia inteiro com alguém feliz, de riso fácil, alegre e que sempre tem uma conversa solta e positiva, você voltará para sua casa bem mais feliz".

Percebe o poder que há em nossas atitudes?

Por isso, a máxima importância de se rezar e se cercar de Deus. O valor das Escrituras e de boas pessoas que tornam a nossa vida linda e rica por dentro, porque isso é contagioso. Acreditar na Palavra de Deus é amorizar e colocar esses ensinamentos em prática é multiplicar a amorização divina, tornando-se um propagador da fé e das Escrituras.

Por isso, a oração que fecha este capítulo é um convite à reflexão sobre o quanto nós somos responsáveis por espalhar o amor de Cristo e os ensinamentos de Deus.

Você já fez alguém sorrir hoje?

Oração ao amor pelo próximo e por mim

Jesus, me amoriza com a pessoa de Deus Pai. Tudo aquilo que me feriu e que possa me afastar da bondade e do cuidado que Deus tem por nós, me amoriza. Eu hoje perdoo a Deus, pelas vezes que achei que Ele me abandonou, me feriu, não cuidou de mim, pelas vezes que não acreditei Nele. Eu perdoo e peço perdão. Jesus, muda a visão que eu tenho de Deus, que eu O veja com o Teu olhar, que tudo sabe, este Deus que é bom e misericordioso, um pai amoroso e cuidador.

Jesus, me amoriza com a pessoa da Nossa Senhora, me amoriza com o cuidado bondoso da mãe, toda a falta de carinho que eu possa ter tido de mãe, preenche com o cuidado de Nossa Senhora, que eu tenha mais devoção pelo Santo Rosário.

E, Jesus, me amoriza com o sentido do sagrado, tão importante para o Senhor. Vemos muito isso na Palavra de Deus – o sagrado é essencial para o nosso relacionamento contigo. Refaz o sagrado em nós.

Jesus, que eu me cerque da Tua Palavra e me torne rico por dentro, que minha vida contagie as outras pessoas com a verdadeira felicidade que vem de Ti.

Muito obrigado, Jesus.

Eu agradeço a Deus por tudo o que sou e represento.

Liste o que Te faz sentir a pessoa mais bonita e mais feliz perante Deus:

_____

_____

_____

_____

_____

_____

_____

_____

_____

_____

_____

_____

_____

_____

_____

_____

Eu confio em Ti, Senhor, e por essa razão consigo enxergar as graças em minha vida. E não duvido mais de Tuas ações em minha vida.

Com o luto do meu pai, senti a necessidade de acrescentar o capítulo seguinte, pois é a minha forma de praticar o que escrevi até aqui: é a minha amorização.

CAPÍTULO FINAL

COMPREENSÃO, SEM PRESSÃO,
PARA NÃO VIRAR DEPRESSÃO
E COM MUITA ORAÇÃO

Escrevo este capítulo com a passagem do meu pai para o Céu. Há pouco tempo, quando da redação deste último complemento do livro que você tem em mãos, vivi na carne o que muitos podem já ter vivido ou estão vivendo: a perda de alguém muito, muito amado.

Meu pai, além de ajudar muito nas atividades do Santuário junto à minha mãe, era meu companheiro para os momentos de lazer, conversas e exercícios físicos, principalmente durante a pandemia. Papai todos os dias vinha me ver e me fazer companhia nos momentos de lazer, que eram preenchidos por futebol ou sessões de filmes, às quais apelidamos "Sessões Pipoca". A perda dele, assim, me faz imensa falta. Seus conselhos ponderados, seu jeito de agir, suas brincadeiras, seu jeito de ser, fazem muita falta. Estou reaprendendo a viver sem a presença dele.

Algumas pessoas bem-intencionadas, mas que não passaram por uma perda, ou não tiveram uma relação tão forte com seus pais, por vezes não entendem a tristeza e a profundidade da separação que se passa conosco.

Eu creio na ressurreição dos mortos, eu creio que meu pai está com Jesus e que um dia irei revê-lo, mas aqui nesta sua partida da Terra deixou um vazio, uma ausência que não se preenche.

Luto requer tempo e compreensão dos outros, para não acabarmos pressionados e para que a fase não vire uma depressão. Por isso, o processo do luto requer amorização. Demanda que eu me deixe ser amorizado por Deus, ser esvaziado da tristeza e do vazio que ocupa o meu coração, para ser preenchido pelas Escrituras, por Deus, por seu infinito amor.

Neste tempo, meu suporte tem vindo das missas que celebro. A Palavra de Deus me preenche dia a dia, e o que vai permanecendo em mim é apenas a saudade infinita que sinto de meu pai. Além da certeza de um reencontro definitivo na glória de Deus.

Se estiver passando por um momento de luto, pela perda de alguém muito amado, não se deixe ser pressionado por pessoas que não entendem seu luto. Dê-se o direito de chorar, de ficar às vezes sozinho, de processar o luto, mas, ao mesmo tempo, não se entregue ao desespero ou ao desânimo.

Creia: Deus é contigo, nossa dor não se compara às bênçãos que Deus está nos preparando.

Se você tem algum amigo que perdeu um ente querido, não o(a) pressione, compreenda, abrace e reze por essa pessoa. Deixe que Deus se encarregue de preencher o vazio da perda. Deus tem o *kairos* dele, o tempo certo para cada um. Ampare com a sua oração e compreensão essas pessoas.

Se você está na fase da perda, não se revolte com Deus. Pelo contrário, renda-se a Deus, agradeça a oportunidade que teve de conviver com esse ente querido.

Deus sabe o que faz. Aceitar isso é o primeiro passo da cura e da amorização do seu coração.

Somos pessoas impotentes; sem Deus, nada podemos. Deus controla tudo pelo Seu amor. Se Ele permite algo, é para nosso crescimento e para o bem daqueles que creem Nele.

Por isso, o nosso processo de luto requer muitas orações e intimidade com Deus, que nos curará e fortalecerá dia após dia.

Ele transforma a perda e o vazio em semeadura para novos brotos crescerem, novos entendimentos acontecerem em nossa vida. E mais, esse vazio preenchido com a presença de Deus nos faz crer que nosso amado está na eternidade divina.

Uma última observação: além da Palavra de Deus, não deixe de buscar ajuda profissional para superar o luto.

Eu, de modo especial, agradeço ao Dr. Fábio por seu apoio incondicional neste momento de tristeza tão profunda.

Oração aos que partiram e ao vazio que nos deixaram

Pai, eu Te consagro o nosso coração enlutado. Vem com Tua Palavra nos amorizar e conceder a graça da aceitação da Tua vontade. Tira toda a tristeza, desânimo, e faz uma obra nova em nós. Dá o descanso eterno diante da Tua face para este nosso ente querido e a força para continuarmos a nossa missão sabendo que ganhamos um intercessor no céu. Obrigado, meu Deus. E, neste momento, Jesus, abraça este nosso ente querido, dando o abraço que gostaríamos de dar nesta pessoa.

Jesus, este vazio que habita agora nossos corações, preenche com as sementes da Tua Palavra e com a presença do Teu Santo Espírito. Que possamos ter lembranças edificantes do nosso ente querido, mas que toda a tristeza saia de nossos corações. Obrigado, meu Deus.

E leia todos os dias
Eclesiástico 30,22-24:

"Não entregues tua alma à tristeza, não atormentes a ti mesmo em teus pensamentos. A alegria do coração é a vida do homem, e um inesgotável tesouro de santidade. A alegria do homem torna mais longa a sua vida. Tem compaixão de tua alma, torna-te agradável a Deus, e sê firme; concentra teu coração na santidade, e afasta a tristeza para longe de ti".

PARA OS MOMENTOS DE TRISTEZA, O QUE ME FAZ SORRIR

PARA OS MOMENTOS DE TRISTEZA, O QUE ME FAZ SORRIR

O que te faz sorrir, apesar de tudo? Como o sal, que assume humildemente sua importância em nosso alimento, pequenas coisas do nosso dia a dia cumprem insignificantemente uma importância que recarrega o nosso sorriso. Lembre-se do que te faz feliz hoje:

_____

_____

_____

_____

_____

_____

_____

_____

_____

_____

_____

_____

_____

_____

_____

Respeite o seu tempo, sem pressa e sem pressão.

A AMORIZAÇÃO EM PRÁTICA

Neste livro, com o conceito do menos é mais, com uma maneira objetiva e clara, vamos subir essa escada de cinco degraus, muito importante no processo de amorização e de cura interior que acontece todos os dias de nossa vida. Porque estamos no mundo, vivendo com outras pessoas e, querendo ou não, somos feridos e necessitamos diariamente de amorização.

Convido você a reler, a fazer as orações e a preencher os exercícios pelo período que lhe for necessário, até que perceba mudanças na sua vida. E que você também use as cinco pedrinhas que Nossa Senhora ensina em Medgurje:

1. Bíblia
2. Eucaristia
3. Rosário
4. Confissão
5. Jejum

Essas pedrinhas são importantes no processo de amorização, e você perceberá enormes mudanças no seu coração, já que tudo pode ser mudado pela oração.

Lembre-se: você é único e o que vale para o outro pode não fazer sentido para você. Nessa leitura, encontre a sua métrica de tempo e mantenha o compromisso com você e com Deus. Assim, a amorização, com certeza, ocorrerá na sua vida.

Deixo o último versículo essencial para uma conversão diária no processo de amorização. Se praticar, terá mudanças significativas:

"Parem de se amoldar a este mundo, mas sejam transformados, renovando a sua mente, a fim de comprovar por si mesmos a boa, aceitável e perfeita vontade de Deus". (Romanos 12,2)

Ser transformado em nossa mente é o processo de amorização, como disse muitas vezes neste livro. A mais poderosa ferramenta que Deus nos deixou é a chance da leitura das Sagradas Escrituras, porque ao ler e reler a Palavra do Senhor a sua mente vai se amoldando a Deus e os pensamentos Dele vão se instalar em você. Pense em um computador, você sempre o renova com softwares atualizados. Da mesma forma a nossa mente precisa ser renovada com as Sagradas Escrituras, porque senão o mundo vai preencher com outras coisas que vão te ferir. Queremos ser pessoas amorizadas, e no tripé que engloba Escrituras, Eucaristia e o Rosário, Deus operará maravilhas em sua vida.

Receba o meu forte abraço. Rezo para que este pequeno livro seja o começo de uma nova vida de amorização, de uma liberdade interior, porque quanto mais somos amorizados, mais livres somos.

Deus te abençoe, em nome do Pai, do Filho e do Espírito Santo.

Amém.
Padre Marcelo Rossi

Editora Planeta Brasil | 20 ANOS

Acreditamos nos livros

Este livro foi composto em Estratto Var e impresso pela Gráfica Santa Marta para a Editora Planeta do Brasil em julho de 2023.